동물도 행복할 권리가 있을까?

Original title: Zwierzokracja
Text and illustrations: Ola Woldańska-Płocińska
Redaction and correction: Anna Belter, Eleonora Mierzyńska-Iwanowska
Graphic design of the interior, cover and composition: Ola Woldańska-Płocińska
© Publicat S.A. MMXVIII 2018
Korean Translation © 2020 Woori School
All rights reserved.
The Korean language edition is published by arrangement with PUBLICAT S.A.,
Poznań through MOMO Agency, Seoul.

이 책의 한국어판 저작권은 모모 에이전시를 통해 PUBLICAT S.A., Poznań 사와 독점 계약한 ㈜우리학교에 있습니다.
저작권법에 의해 한국 내에서 보호를 받는 저작물이므로 무단전재와 무단복제를 금합니다.

동물도 행복할 권리가 있을까?

올라 볼다인스카-프워친스카 글·그림

김영화 옮김

우리학교

글·그림 올라 볼다인스카-프워친스카
폴란드 포즈난에서 그림을 그리면서 북 디자인을 하고 있어요. 지금까지 10권 이상의 책을 냈고 2009년에는 폴란드도서출판협회(PTWK)가 주는 '가장 아름다운 책'이란 상을 받기도 했어요. 평소 동물에 관심이 많아요. 채식주의자고, 음식과 아기 돼지를 그리는 것을 굉장히 좋아한답니다. 쓰고 그린 책으로 『여기는 쓰레기별, 긴급 구조 바람!』『달콤짭짤 바삭촉촉: 우리 식탁 위의 지구』 등이 있습니다.

옮김 김영화
한국외국어대학교에서 폴란드어를 공부했어요. 옮긴 책으로는 『기상천외 발명백과』『버섯과 균』『알』『마녀와 고양이와 우엉밭 아이들』『기발한 동물학개론』 등이 있습니다.

우리학교 어린이 교양
동물도 행복할 권리가 있을까?

초판 1쇄 펴낸날 2020년 6월 19일
초판 5쇄 펴낸날 2023년 10월 25일

글·그림 올라 볼다인스카-프워친스카 | **옮김** 김영화 | **펴낸이** 홍지연

편집 홍소연 고영완 이태화 전희선 조어진 이수진 차소영 서경민 | **디자인** 권수아 박태연 박해연 정든해
마케팅 강점원 최은 신종연 김신애 | **경영지원** 정상희 여주현 | **캘리그래피** 김나연

펴낸곳 ㈜우리학교 | **출판등록** 제313-2009-26호(2009년 1월 5일)
주소 03992 서울시 마포구 동교로23길 32 2층 | **전화** 02-6012-6094 | **팩스** 02-6012-6092
홈페이지 www.woorischool.co.kr | **이메일** woorischool@naver.com

ISBN 979-11-90337-37-3 (73400)

- 책값은 뒤표지에 적혀 있습니다.
- 잘못된 책은 구입한 곳에서 바꾸어 드립니다.

차례

8 • 동물을 지배하는 이기적인 사람들

10 • 원시인들의 사냥

12 • 떠돌아다니지 않고 한곳에서 살게 된 사람들

14 • 철학자들의 논쟁

16 • 고양이를 무척 아꼈던 이집트 사람들

18 • 인도의 신성한 소

20 • 재판받는 동물들

22 • 호주 동물을 멸종시킨 토끼

24 • 도시로 간 닭

26 • 동물을 괴롭히는 공장식 축산

28 • 놀이가 된 동물 사냥

30 • 불꽃놀이는 괴로워요!

32 • 야생을 벗어난 멧돼지

34 • 크리스마스가 괴로운 폴란드의 잉어

36 • 겨울에 주는 새들의 별미

38 • 플라스틱병으로 만든 신발

40 • 동물 실험은 그만!

42 • 달걀에 쓰인 숫자들

사람이 괴물처럼 보이는 곳 • 44

나를 돌려보내지 마세요! • 46

개를 키울 자격 • 48

동물 없는 서커스 쇼 • 50

세상의 모든 동물에게도 권리가 있나요? • 52

동물은 물건이 아니라 살아 있는 생명 • 54

동물의 감정 표현 • 56

야생은 바로 자유 • 58

길들이기 힘든 동물들 • 60

영원히 사라질지도 모르는 동물들 • 62

채식주의자는 무엇을 먹나요? • 64

돼지는 정말 개나 침팬지처럼 똑똑할까요? • 66

사람과 닮은 유인원 • 68

신기한 능력을 보여 준 문어 파울 • 70

주인과 닮은 반려견들 • 72

반려견 똥 치우기 • 74

세계 동물 권리 선언 • 76

한국의 동물보호법 • 78

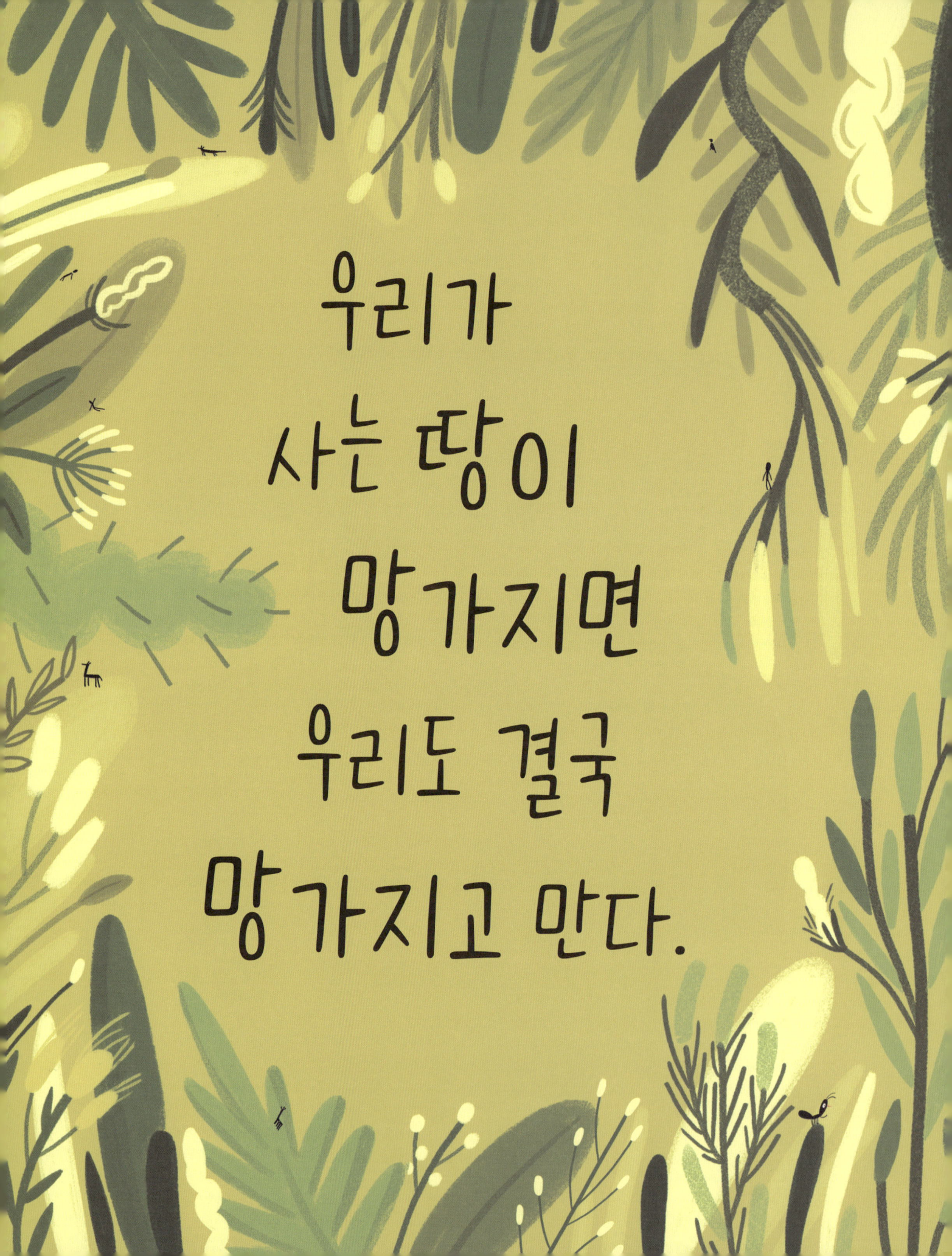

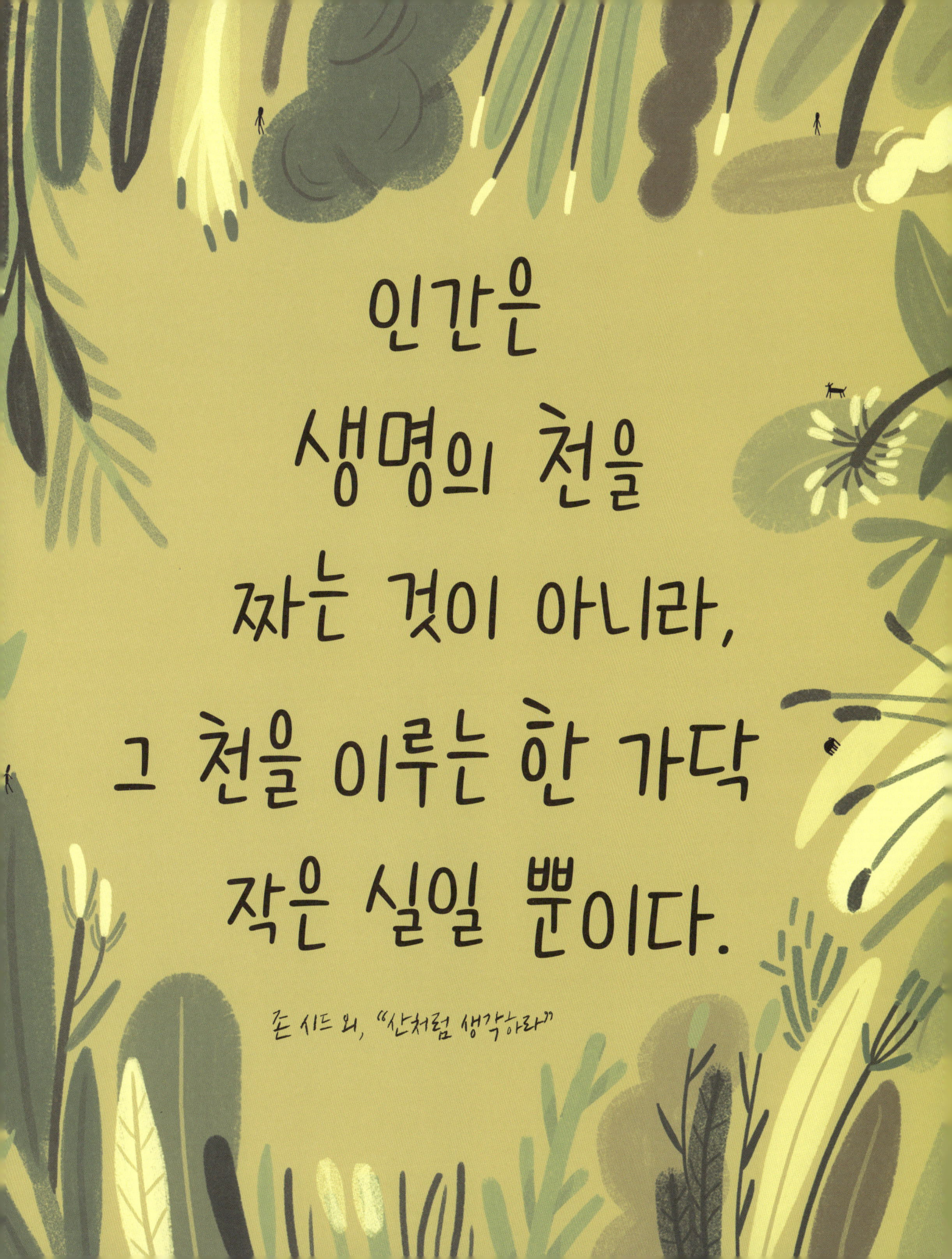

동물을 지배하는 이기적인 사람들

꿀벌은 들판에서 자유롭게 꿀을 모으며 살고, 햄스터는 철망에 갇혀서 사람들이 주는 모이를 먹으며 살아요. 어떤 코끼리는 넓은 초원을 어슬렁거리며 지내고, 어떤 코끼리는 동물원의 좁은 우리에서 답답하게 지내요. 노루는 자신을 위해 풀을 뜯어 먹지만, 젖소는 사람들에게 우유를 제공하기 위해 풀을 뜯어 먹어요. 이런 결정은 누가 내렸나요? **오늘날에는 동물이 어떻게 살지를 사람들이 마음대로 결정하고 있어요.** 그렇지만 항상 그래왔던 것은 아니에요.

처음부터 동물이 사람의 소유물이었던 건 아니에요. 문명이 발달하면서 사람들은 동물들을 지배하기 시작했어요. 사람들은 자신이 세상에서 가장 강하고 영리한 존재라고 생각했고, 다른 생명뿐만 아니라 사람들을 둘러싸고 있는 자연 전부를 자기 마음대로 할 권리가 있다고 여겼어요.

마음대로
자연을 주무르는 인간은
언젠가 끔찍한 비극을
맞이하지 않을까요?

원시인들의 사냥
점심밥을 위한 추격

원시인들은 동물을 자신들과 동등하다고 여겼어요. 원시인들은 동물과 마찬가지로 야생에서 살면서 사냥을 하고 식물을 채집하면서 이리저리 떠돌아다녔어요. 가끔은 쫄쫄 굶기도 했으며, 언제 다시 먹을거리를 찾을 수 있을지 알 수 없었지요. 사람들에게 동물은 위험하고 무서운 대상이었지만 동물 없이는 살아갈 수 없었어요. 사냥한 동물에게서 고기를 얻었을 뿐만 아니라, 도구와 장식품을 만들기 위한 뼈, 추위로부터 보호해 줄 옷을 만들 가죽도 얻었답니다. 사냥한 동물은 여럿이 똑같이 나누어 가졌지요.

떠돌아다니지 않고
한곳에서 살게 된 사람들

먹을 것을 찾아 계속 떠돌아다니던 사람들은 시간이 지나면서 한곳에 오래 머무르기 시작했어요. **정착 생활**을 시작한 거예요. 그렇다고 온종일 한 자리에 착 붙어 앉아 있던 것은 아니에요. 오히려 맑은 공기를 쐬며 매우 활동적인 생활을 했어요.

사람들은 동물을 사냥하는 대신에 잡아서 가두어 기를 수 있다는 것을 알게 되었어요. 식물을 채집하는 대신 심고 가꾸기 시작했고요. 이제 사람들은 떠돌아다니지 않고 집을 지어 한곳에서 생활하게 되었어요. 당시에 사람들은 자신들이 동물들보다 우월하다고 여겼지만 동물들을 함부로 대하지는 않았어요. 동물들 없이 살아갈 수 없다는 것을 알고 있었기 때문이에요.

철학자들의 논쟁

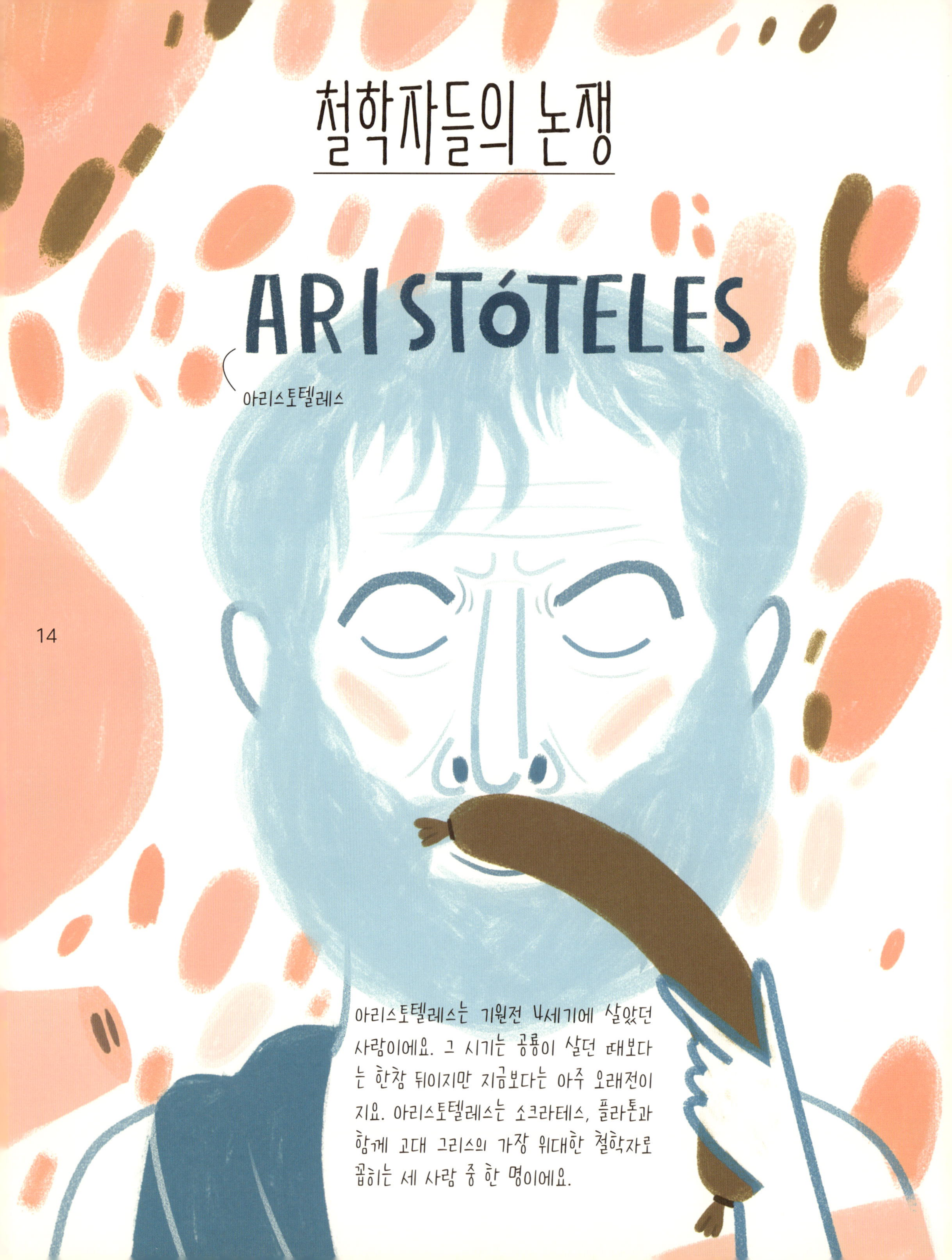

ARISTÓTELES
아리스토텔레스

14

아리스토텔레스는 기원전 4세기에 살았던 사람이에요. 그 시기는 공룡이 살던 때보다는 한참 뒤이지만 지금보다는 아주 오래전이지요. 아리스토텔레스는 소크라테스, 플라톤과 함께 고대 그리스의 가장 위대한 철학자로 꼽히는 세 사람 중 한 명이에요.

고대의 철학자들은 사람이 동물을 어떻게 대해야 하는지에 대해 다양한 의견을 내놓았어요. 채식주의자였던 피타고라스는 동물을 존중하고 보호해야 한다고 주장했어요. 반면 아리스토텔레스는 자연에 있는 모든 것은 자신의 역할이 있다고 생각했어요. 식물은 동물의 먹이가 되는 것이 당연하고 사람은 동물을 이용하는 것이 당연하다고 말이죠. 그래서 사람 마음대로 동물을 대하는 것이 동물에게 고통을 주는 행동이더라도 잘못된 것으로 보지는 않았어요.

채식주의자는 고기를 먹지 않는 사람을 말해요.

피타고라스는 아리스토텔레스보다 앞선 시대인 기원전 6세기에 그리스에 살았어요. 피타고라스는 철학과 수학을 연구했어요.

피타고라스

고양이를 무척 아꼈던
이집트 사람들

고대 이집트에서는 사람들이 동물을 종류에 따라 다르게 대했어요. 예를 들어, 악어, 매, 소, 뱀과 같은 동물들은 신을 대신하는 것으로 여겨 존경했지만, 그 외의 다른 동물들에겐 관심조차 두지 않았어요. 이집트 사람들의 애완동물은 고양이었어요. 고양이는 쥐가 곡식을 훔쳐 먹지 못하게 막아 주었지요. 사람들은 고양이를 가족처럼 여겨서 고양이가 죽으면 슬픔의 표시로 눈썹을 밀었을 정도예요. 고양이를 죽인 사람은 사형을 당하기도 했어요.

고양이의 무덤에는 우유, 생쥐, 집쥐를 가득 놓아두었어요. 죽어서도 고양이가 좋아하는 음식이 모자라지 않도록 말이에요. 왕의 무덤 못지않게 정성을 쏟았겠죠. 야옹!

이집트 사람들은 고양이의 죽은 몸이 썩지 않도록 **미라를 만들었어요**. 죽은 고양이의 몸에서 내장을 모두 꺼내고 심장만 남겨 둔 다음 건조시켰어요. 특수 약품으로 겉을 칠하고, 몸을 부풀려 고양이의 본래 모양을 잡았지요. 마지막으로 붕대를 돌돌 감고, 고양이의 머리를 그렸어요.
이집트 사람들은 동물을 특별한 묘지에 묻었는데 묘지마다 한 종류의 동물만 묻힐 수 있었어요. 그래서 황소는 다른 황소들과 함께, 악어는 악어들 사이에, 그리고 고양이는 다른 고양이들과 함께 묻힐 수 있었지요.

인도의 신성한 소

인도 사람들이 가장 우러러보는 동물은 무엇일까요? 바로 소예요! **인도 사람들은 아주 오래전부터 소를 존경하고 신성하게 여겼어요.** 소를 죽이면 안 되기 때문에 소고기는 먹지 않았지만, 젖소에서 짠 우유는 먹었어요. 소의 똥은 동그랗게 만들어 햇볕에 잘 말려서 땔감으로 썼고, 진흙과 섞어 집을 짓는 데도 썼답니다.

인도에서는 대부분이 힌두교를 믿어요. 힌두교에서는 소가 여신이자 어머니 같은 존재이기 때문에 소를 숭배해요.

오늘날에도 여전히 인도에서는 소를 신성하게 생각하고 있어요. 사람들은 소가 하는 행동을 막지 않아요. 인도에서는 소가 사람이 다니는 길 한가운데에 드러누워 있거나, 쓰레기통을 뒤지거나, 가게에서 팔려고 내놓은 채소를 뜯어 먹거나 하는 모습을 흔히 볼 수 있어요. 인도 사람들에게는 아주 평범한 풍경이지요.

재판받는 동물들

유럽의 중세 시대에 사람과 동물의 관계는 사람들의 신분에 따라 달랐어요.

중세 유럽 사람들은 네 개의 신분으로 나뉘었어요. 90%가 넘는 대부분은 농민으로 소작인 또는 농노라고도 불렸는데 지금의 농부와 같은 일을 했어요. 농민을 제외한 다른 사람들은 각각 성직자, 기사, 시민에 속했지요.

중세 시대에 동물 재판은 흔한 일이었어요. 동물들은 사람을 죽인 죄가 가장 컸어요. 당시에는 동물의 죄를 사람의 죄와 똑같이 생각했기 때문에 재판을 하고 감옥에 가두거나 사형을 내리기도 했어요. 법원 앞에는 달팽이, 애벌레, 딱정벌레도 서 있었답니다. 정말 놀랍지 않나요!

농민들은 자기 일에 도움이 되는 동물만 기를 수 있었어요. 예를 들어, 타고 다닐 수 있는 말이나 먹을 것을 얻을 수 있는 암소, 돼지, 닭을 길렀지요. 중세 시대에는 동물들이 사람들이 생활하는 곳에 함께 살았어요. 동물과 사람이 한 지붕 아래 살아가는 모습을 상상할 수 있나요? 그리고 **사람보다 동물을 더 정성스럽게 돌보았어요.** 동물이 없으면 가족이 먹을 것도 없었으니까요.

반면 부자들은 자신들의 즐거움을 위해 동물을 키웠어요. 주로 다른 사람에게 자랑하거나 자신들의 지위를 뽐내는 데 이용했지요. 각 나라의 왕들은 특이한 동물을 선물로 주고받았어요. 사자, 표범, 낙타와 같은 동물들을 말이죠. 북쪽 나라의 왕들은 북극곰을 선물로 주는 것을 좋아했어요.

호주 동물을 멸종시킨 토끼
지리상의 발견 결과

15~17세기에 유럽 사람들은 새로운 뱃길을 찾아내고 전에는 가보지 않았던 땅에 발을 디디게 되었어요. 이것을 '지리상의 발견'이라고 불러요. 사람들은 다른 대륙에 살고 있던 식물이나 동물을 새로운 지역에 데려와서 키우기 시작했어요. 그러면서 오래전부터 그 땅에 살고 있던 식물과 동물을 다치게 하거나 죽게 만들기도 했지요.

토끼로부터 호주를 보호하기 위해
특별한 울타리를 설치해야 했어요.

19세기쯤, 한 영국인이 24마리의 야생 토끼를 호주로 데려왔어요. 토끼가 없던 호주에서 토끼 사냥을 하기 위해서였지요. 엄청난 번식력을 가진 토끼들은 그 수가 순식간에 늘어났어요. 여기저기 토끼들이 가득했지요. 수많은 토끼가 풀을 다 뜯어 먹고 나무뿌리까지 갉아 먹으면서 호주를 엉망으로 만들어 버렸지요! 결국 처음부터 호주에 살던 동물들은 먹이가 부족해져 멸종하고 말았답니다.

도시로 간 닭

점점 사회가 발전하면서 많은 사람이 도시로 갔고, 농촌에는 갈수록 사람이 줄었어요. 도시 사람들은 자연환경을 누리기 어려워졌고, 안타깝게도 동물과 사람의 관계도 바뀌었지요. 매일 아침, 농부는 닭들에게 먹이를 주며 돌볼 거예요. 닭들은 깃털을 고르거나, 모래 목욕을 하거나, 발톱으로 땅을 파거나 하며 돌아다니고요. 만일 농부가 구운 닭 다리를 먹고 싶으면, 닭들 가운데 한 마리를 죽여야만 한다는 것을 알고 있어요. 반면 도시 사람들에게 닭은 그저 음식 재료인 고깃덩어리일 뿐이며, 그 고깃덩어리는 마트나 시장에 가면 언제든지 살 수 있지요.

한국에서는 한 사람이 1년에 약 20마리의 닭을 먹는다고 해요. 한 달에 약 1.6마리를 먹는 셈이에요. 약 973만 명이 살고 있는 가장 큰 도시인 서울을 예로 들어 볼까요? 서울에 사는 사람들이 모두 닭을 먹으려면 한 달에 1,550만 마리가 필요해요. 매달 이 만큼의 닭이 서울로 운반되고 있는 거예요. 어마어마한 양이지요.

전 세계의 모든 사람들이 닭을 먹으려면, 매달 몇 마리의 닭이 필요할까요?

동물을 괴롭히는 공장식 축산

수백 년간 사람들은 먹을 것을 직접 키우고 잡았어요. 여러분의 조상도 왕이나 귀족이 아니었다면 분명 농가에서 닭이나 소, 돼지를 키웠을 거예요. 마당을 뛰어다니는 닭에게서는 매일 신선한 달걀을 얻었겠지요. 가끔은 그 가운데 한 마리를 잡아 맛있는 닭고기를 먹기도 했을 테고요. 초록빛 풀밭에 풀어 놓고 키우던 소들에게선 우유를 얻었을 것이고, 명절과 같은 특별한 날이면 돼지나 소를 잡아 고기 잔치를 벌이기도 했겠지요.

오늘날에는 가축을 공장식 축산 방법으로 기르고 있어요. 농장에서는 최대한 많은 달걀과 고기를 얻으려고 닭이나 돼지를 아주 작은 공간에 가두어서 기르지요. 이러한 공장식 축산 농장에서는 몇천 마리나 되는 동물을 한꺼번에 기르고 있어요. 소, 닭, 돼지들이 몇천 마리나 모여 지낸다니, 얼마나 숨이 막히고 답답할까요? 이런 곳에서 동물들이 과연 편하게 지낼 수 있을까요?!

놀이가 된 동물 사냥

사람들은 오래전부터 동물들을 사냥했어요. 시간이 흐르면서 점차 사냥을 하는 이유가 바뀌어 갔어요. 처음에는 반드시 사냥을 할 수밖에 없었어요. 원시인에게는 냉장고나 식량 창고가 없었고, 그들이 사는 굴 옆에 가게도 없었으니까요. 배가 고프면, 스스로 자기가 먹을 점심거리를 잡아 와야 했지요.

사냥꾼들이 늘 자기가 사는 곳을 노리고 있다면, 그곳에 사는 동물은 어떤 기분일지 생각해 보세요. 낯선 사람이 총을 들고 여러분을 뒤쫓는다고 상상할 때 느껴지는 기분이 아닐까요?

중세 시대에는 모든 사람이 사냥을 할 수 있던 건 아니었어요. 가난한 농민들은 주로 채소를 먹고 살았어요. 신분이 더 높은 사람들은 특별한 날에 직접 기르던 동물을 잡아먹었고요. 오로지 귀족들만이 야생 동물을 뒤쫓으며 사냥하는 사치를 누릴 수 있었어요. 그러나 재빠르고 날쌘 노루를 잡기 위해 숲을 뛰어다니는 건 쉽지 않았어요. 몸을 숨긴 채 사자나 곰을 기다리는 것도 굉장히 위험한 일이었지요. **요즘은 사냥이 그저 잔인한 놀이일 뿐이에요.** 사람들은 아무런 노력도 하지 않고 돈만 내면 총으로 야생 동물을 죽일 수 있어요.

동물들은 매우 예민한 청력을 가지고 있어서, 소음을 잘 참지 못해요. 특히, 불꽃놀이에서 팡팡 터지는 폭죽 소리를 엄청 두려워해요. 그래서 새해를 맞이하는 날은 동물들에게 가장 힘든 순간이에요. 다행히도 점점 많은 세계의 도시들이 새해맞이 행사에서 불꽃놀이를 하지 않고 있어요. 여러분도 동물들이 받는 고통을 생각하며, 새해를 맞이할 때 덜 시끄럽게 즐길 수 있는 방법을 찾아보세요. 전자레인지 또는 프라이팬 안에서 팡팡 튀는 팝콘을 만들거나, 집안 곳곳에 직접 만든 종이 꽃가루를 뿌리는 것도 좋은 방법이에요.

집에서 기르는 동물 중에는 고양이가 소음을 가장 잘 참고, 개가 가장 견디지 못해요.

야생을 벗어난 멧돼지

멧돼지는 더이상 야생 동물이 아니에요. 많은 멧돼지가 야생에서 벗어나고 있거든요. 숲에 사는 멧돼지 수가 많아졌기 때문이에요. 사람들이 산에서 밤이나 도토리 같은 멧돼지의 먹이를 주워 가서 배불리 먹지 못하기 때문이기도 하고요. **멧돼지들은 사람이 사는 도시에서 먹을 것을 찾고 있어요.** 먹이를 찾는 건 그다지 어려운 일이 아니에요. 도시의 쓰레기장과 잔디밭에는 제법 먹음직스러운 음식 쓰레기가 가득하니까요.

자연에는 사람과 접촉한 적이 없는
야생 동물의 수가 점점 줄어들고 있어요.

옛날에는 숲이 많았고, 나무들이 울창했어요. 그런데 사람들이 숲을 차지하게 되자 많은 동물이 살 곳을 잃어버렸답니다. 그래서 동물들은 사람들이 사는 지역으로 점점 가까이 다가오고 있어요. 혹시 여러분이 멧돼지를 만나게 된다면, 가까이 가지도 말고 비명도 지르지 마세요. 겁에 질린 동물은 사나워질 수 있으니까요.

크리스마스가 괴로운 폴란드의 잉어

사람들은 잉어를 옮기기 위한 특수 바구니를 만들었어요. 그러나 물고기는 물속에서만 편히 살 수 있다는 것을 기억해야 해요.

크리스마스를 싫어하는 동물이 있을까요? 네, 바로 폴란드에 사는 잉어예요! 폴란드에서는 크리스마스에 잉어 요리를 먹거든요. 요리 재료가 될 잉어는 바글바글한 통에서 헤엄치다 비닐 봉투에 담겨 어디론가 실려 가요. 결국 망치나 칼에 맞아 죽음을 맞이하죠. **폴란드에서는 동물 학대가 법으로 금지되어 있어요.** 그러나 이 법이 개와 고양이뿐만 아니라, 잉어에게도 적용된다는 것을 아직 모르는 사람이 많아요. 크리스마스가 다가올 즈음 이 법을 되새겨 보면 좋겠어요. 크리스마스이브에 폴란드 사람들이 잉어 요리 대신 크림을 얹은 느타리버섯 요리를 먹었으면 좋겠네요.

겨울에 주는 새들의 별미

추운 겨울이 되면 새들은 꼬르륵거리는 배를 부여잡고 모이를 찾아 헤매요. 겨울이 오면 곤충은 모습을 감추고, 열매나 씨도 거의 없어 모이를 찾는 게 힘들어져요. 그래서 첫눈이 내릴 무렵에 사람이 모이를 주기 시작해야 하고, 봄이 될 때까지 계속해야 해요. 규칙적인 시간에 모이를 주는 일은 매우 중요해요. 새들은 사람에게 길들여져 늘 모이를 주는 시간에 날아오기 때문이에요.

모이통은 쓰레기통이 아니에요! 모이통에 먹다 만 빵이나 남긴 음식물을 넣지 마세요. 사람들이 먹는 음식에 들어간 소금이나 조미료, 방부제는 새들 몸에 나쁘거든요. 사람에게도 좋지 않은 편이지만, 새들은 심한 경우 죽을 수도 있어요. 새들에게 상한 음식이나 곰팡이가 핀 빵을 주는 것도 잘못된 행동이에요. 곰팡이가 사람에게 나쁜 것과 마찬가지로 새들에게도 나쁘니까요.

박새의 별미는 기름 덩어리에요. 이것은 돼지비계나 소기름에 씨앗 같은 것을 섞어 덩어리로 만든 새 모이에요. 정말 맛있어요!

새 모이는 새들이 자연에서 먹는 것과 비슷해야 해요. 곡물, 해바라기 씨나 호박씨, 사과 그리고 소금기가 없는 비곗덩이 등을 주는 게 좋아요. 빵도 줄 수 있겠지만, 새의 건강에 좋지 않으니 자주 주면 안 돼요. 또한 **물도 잊지 말아야 해요.** 매서운 추위가 몰아치면, 새들은 마실 것도 찾기가 어려워지니까요.

플라스틱 병으로 만든 신발

여러분의 발을 한번 내려다보세요. 혹시 **여러분이 신고 다니는 신발은 무엇으로 만들었을지 생각해 본 적이 있나요?** 모자, 점퍼, 가방과 마찬가지로 신발도 자연에서 얻을 수 있는 재료(동물이나 식물에서 얻은 것)나 인공 재료(사람이 만들어 낸 것)로 만들었을 거예요. 요즘에는 재생 원료로 신발을 만드는 회사들도 늘고 있어요.

리사이클링, 물건을 재생하여 다시 이용하는 일

가끔은 어떤 재료로 만들었는지 알기 어려운 경우도 있어요. 신발에 있는 이 표시는 동물 가죽으로 만들었다는 뜻이에요.

가죽 신발이 튼튼하고 편하기는 하지만, 신발을 만들기 위해서는 반드시 동물의 가죽을 벗겨내야 해요.

신발 회사 중에 **바다에 버려진 플라스틱 병과 그물을 이용해 신발을 만드는 곳이 있어요.** 신발 한 켤레를 만들기 위해서는 10개 이상의 플라스틱 병이 필요해요. 플라스틱 병을 녹여 얇은 실을 만든 후 그 실을 엮어서 만들지요. 그러나 재활용 신발은 비쌀 뿐만 아니라, 파는 곳이 많지 않아 사기가 쉽지 않아요.
만일 여러분이 돈을 내지 않고 친환경 신발을 가지고 싶다면, 직접 만들어 신을 수 있어요. 다만 신었을 때 편하지 않고, 신발 가게에서 파는 것처럼 예쁘거나 세련되지는 않지만요. 하지만 분명 독특할 거예요!
가장 값이 싸며, 가장 친환경적인 방법이자, 가장 건강한 방법이 있는데 그건 바로 **맨발 걷기**랍니다.

샴푸, 비누, 화장품에는 여러 가지 **화학 성분**이 들어 있어요. 그래서 새로운 화장품을 사기 전에 반드시 우리 몸에 안전한 성분을 썼는지 확인해야 해요. 나쁜 성분은 우리 몸에 가려움증, 발진, 붉은 반점이 생기게 해요. 배 속 아기에게는 기형을 일으킬 수도 있어요.

동물 실험은 그만!

얼마 전까지도 많은 기업에서 화장품 원료를 동물의 피부에 발라 보는 실험을 했어요. 화장품의 효과를 알아보고 사람에게 안전한지 확인하기 위해서였죠. 그러다가 2013년부터 유럽에서는 화장품을 만들 때 동물 실험을 거친 제품은 팔지 못하도록 했어요. 그러나 여전히 동물 실험을 하는 나라들이 많답니다. 이런 나라의 화장품 실험실에 있는 동물들은 화상을 입거나 매일 심한 통증으로 괴로워하고 있어요.

달걀에 쓰인 숫자들

암탉으로 살아가는 건 결코 쉽지 않아요! 죽을 때까지 알만 낳는 일은 힘들고 괴로우니까요. 사람들은 암탉이 계속 달걀을 낳게 하려고 좁은 닭장에 가두고는 몸에 좋지 않은 사료를 먹여요. **행복한 암탉만이 맛있는 달걀을 낳는다는 사실**을 모르는 것처럼 말이죠. 그렇다면 닭을 행복하게 해 주려면 어떻게 해야 할까요? 닭들에게 좋은 환경을 만들어 주는 것이 중요해요. 넓은 공간을 주고, 신선한 공기를 마시게 하고, 마당에서 마음껏 땅을 파며 놀 수 있도록 풀어 주는 거예요. 닭장에 갇힌 닭이 낳은 달걀을 우리가 사지 않는 것도 좋은 방법이에요. 점점 많은 나라의 대형 마트에서 4나 3으로 시작하는 달걀은 팔지 않겠다고 이야기하고 있어요.

암탉은 매우 감성적이고 영리해요. 만일 누군가가 가끔 안아 준다면 행복해할 거예요.

가게에서 파는 **달걀의 껍데기에는 1, 2, 3, 4라는 숫자가 적혀 있어요.** 사육환경번호인 이 숫자를 보면 달걀을 낳은 암탉이 어떤 환경에서 길러졌는지 알 수 있어요.

4
기존 케이지

가장 돈이 적게 들지만, 가장 나쁜 방법이에요. 암탉들은 좁은 닭장(케이지) 안에서 움직일 수도 없고, 햇빛이나 신선한 공기도 쐴 수 없어요.

3
개선된 케이지

암탉들이 닭장 안에서 돌아다닐 수는 있지만 **좁고 캄캄한 환경**은 마찬가지예요. 4와 3은 공장식 축산으로 키우는 닭이에요.

달걀 표시제

깨끗하고 자유로운 환경에서 자란 달걀을 먹고 싶다면 2나 1이 표시된 달걀을 먹도록 해요.

2
축사 내 평사

암탉들은 여전히 **비좁은 공간**에 살고 있어요. 그렇지만 닭장 안팎이나 축사를 자유롭게 돌아다니고, 모래 목욕도 할 수 있어요.

1
방사

암탉들은 **넓은 방목장**에서 자유롭게 다닐 수 있어요. 깨끗한 환경에서 신선한 공기를 마실 수도 있지요.

사람이 괴물처럼
보이는 곳

살아 있는 동물을 파는 가게는 다른 가게와는 달라요. 만일 여러분이 동물 가게에 갈 일이 생긴다면, 그곳에는 두려움에 떨고 있는 동물이 있다는 사실을 기억하세요. 동물은 사람이 있다는 것만으로도 불안에 떨고 스트레스를 받아요. 동물을 안심하게 하려면, 조용하고 차분하게 행동해야 해요. 물고기가 헤엄치는 수족관 유리 벽을 두드리지 마세요. 햄스터나 토끼가 있는 우리의 틈새에 손가락을 넣지 마세요.

동물이 있는 투명 우리나 새장 가까이에 얼굴을 대지 않는 게 좋아요. 사람들이 얼굴을 가까이 들이민다면, 동물들에게 여러분이 괴물을 만났을 때와 비슷한 느낌을 줄 테니까요!

동물을 입양하거나 사려고 한다면 신중하게 생각하고 판단해 결정을 내려야 해요.

동물은 물건이 아니에요. 그러니 동물을 쉽게 선물로 주지 마세요.

누군가에게 생일 선물로 기니피그나 고양이를 주는 것은 멋진 아이디어처럼 보여요. **분명히 받는 사람의 얼굴에도 미소가 피어오르겠지요.** 새로운 주인은 며칠간은 동물과 함께 놀고 안아 주며 좋아하겠지만, 오래가지는 않을 거예요.

처음 느낀 행복감이 사라지고 나면 문제가 생길 수도 있어요. 어쩌면 새로운 주인에게 동물 털 알레르기가 있을 수도 있고, 동물을 키우기엔 집이 너무 좁을 수도 있고, 가족 중 누군가가 집에서 동물을 키우는 걸 싫어할 수도 있어요. 만일 이런 일이 생긴다면 이미 새로운 주인을 만난 동물을 어떻게 해야 할까요?

기억하세요, 동물은 장난감이 아니에요!
여러분들이 지겨워졌다고 해서 반품하거나 돌려보낼 수 없어요.

개를 키울 자격
어떤 동물들은 왜 집에서 기를 수 없을까요?

어떤 동물이나 품종은 집 안에서 키우기에 알맞지 않다는 사실을 기억해야 해요. 만일 여러분이 개를 키우기로 했다면, 개가 잘 지낼 수 있는 환경을 만들어 주어야 해요. 좋은 뜻으로 데려온다고 해도 개가 행복해하지 않을 수도 있으니까요.

몸집이 크고 힘이 넘치는 동물은 운동할 수 있는 넓은 공간이 필요해요. 그런 동물에게 좁은 방은 알맞지 않아요. 그리고 시베리안 허스키같이 뛰어다니는 것을 좋아하는 개의 주인이라면 꼭 필요한 것이 있어요. 우선 개와 오랫동안 활발하게 산책을 해도 지치지 않는 체력이 필요해요. 또 매일 한 번 이상 산책하러 나갈 만큼 부지런해야 하고요. 만일 여러분이 게으른 사람이라면, 불도그같이 다리가 짧은 개를 키우는 게 나을 거예요. 개와 아침 산책을 나가기가 힘들 것 같다면, 고양이나 물고기를 키워 보는 건 어떨까요?

동물을 돌보려면 책임감이 있어야 해요.

동물없는 서커스

코끼리나 원숭이, 낙타를 가까이에서 볼 수 있다면 정말 좋을 거예요. 그렇다고 동물들이 바퀴를 타거나, 팬티를 입고 모자를 쓰고 행진하거나, 불붙은 고리를 통과하는 묘기를 보고 싶은 것은 아닐 거예요. 동물의 본성과 어긋나는 행동을 억지로 시키는 것은 동물들을 불행하게 만드니까요! 그러니 동물들이 나오는 서커스에는 눈길도 주지 않는 게 좋겠죠. 동물들이 자연스럽게 행동하는 모습, 자유로이 다니는 모습을 가만히 보는 게 가장 좋은 일이에요.

동물도 사람과 마찬가지로 공포심을 느끼고 스트레스도 받아요. 그래서 동물이 사람들 앞에서 쇼를 하는 것은 견디기 힘든 일이에요. 그 시간에 동물들은 분명히 정글에서 나뭇잎을 뜯거나 따뜻한 햇빛을 쬐며 일광욕을 즐기고 싶을 거예요.

세상의 모든 동물에게도 권리가 있나요?

이건 철학적인 질문이에요. 아주 오래전부터 많은 철학자들이 동물의 권리에 대해 생각하고 고민을 했어요. 그리고 모든 어려운 일이 그렇듯 이 문제에 대한 의견도 각기 달랐지요. 사람들은 다양한 의견을 가지고 있고, 의견을 하나로 모으기는 어려워요. 그래서 다양한 의견을 들어 보고, 여러분의 생각과 가까운 것을 선택하는 것이 가장 좋아요.

14쪽을 보세요.

1

동물은 사람의 소유물이에요. 사람은 동물의 삶과 죽음을 결정해요. 사람은 동물의 고기로 소시지를 만들 수도 있고, 답답한 우리에 가둘 수도 있고, 공 던지기를 가르칠 수도 있어요. 사람은 동물을 마음대로 이용할 수 있어요.

⌐ 파리를 죽여도 될까요?

2 사람은 동물을 이용할 수 있어요. 우유나 달걀을 얻거나 썰매를 끌게 하지요. 하지만 그와 함께 동물을 보호하는 일에도 힘써야 해요. 특히, 동물을 아프게 한다거나 스트레스를 받는 상황을 만드는 것과 같은 고통을 주어선 안 돼요.

3 **동물은 살아 있는 존재이기 때문에 사람과 같은 권리를 가져요.** 그러므로 사람은 어떤 식으로든 동물을 죽이거나 그들에게서 아무것도 빼앗으면 안 돼요.

⌐ 이 의견은 굉장히 바르고 멋있게 보여요. 그러나 이 의견에 따르면, 우리를 물고 있는 모기를 죽이거나, 닭에게서 달걀을 빼앗는 것도 안 된다는 점을 기억해야 해요.

동물은
물건이 아니라
살아 있는 생명

동물은 살아 있고, 아픔이나 감정을 느낄 수 있어요. 이것이 바로 물건과 다른 점이에요. 그래서 동물은 항상 조심해서 다루고 존중해야 해요. 우리가 코끼리, 돼지, 고양이, 개미와 직접적인 관계가 없더라도 말이에요.

이 곤충은 대벌레예요. 겉으로 보기에는 막대기처럼 생겼지만 숨을 쉬고, 느낄 수도 있는 살아 있는 생명이에요.

동물의 감정 표현

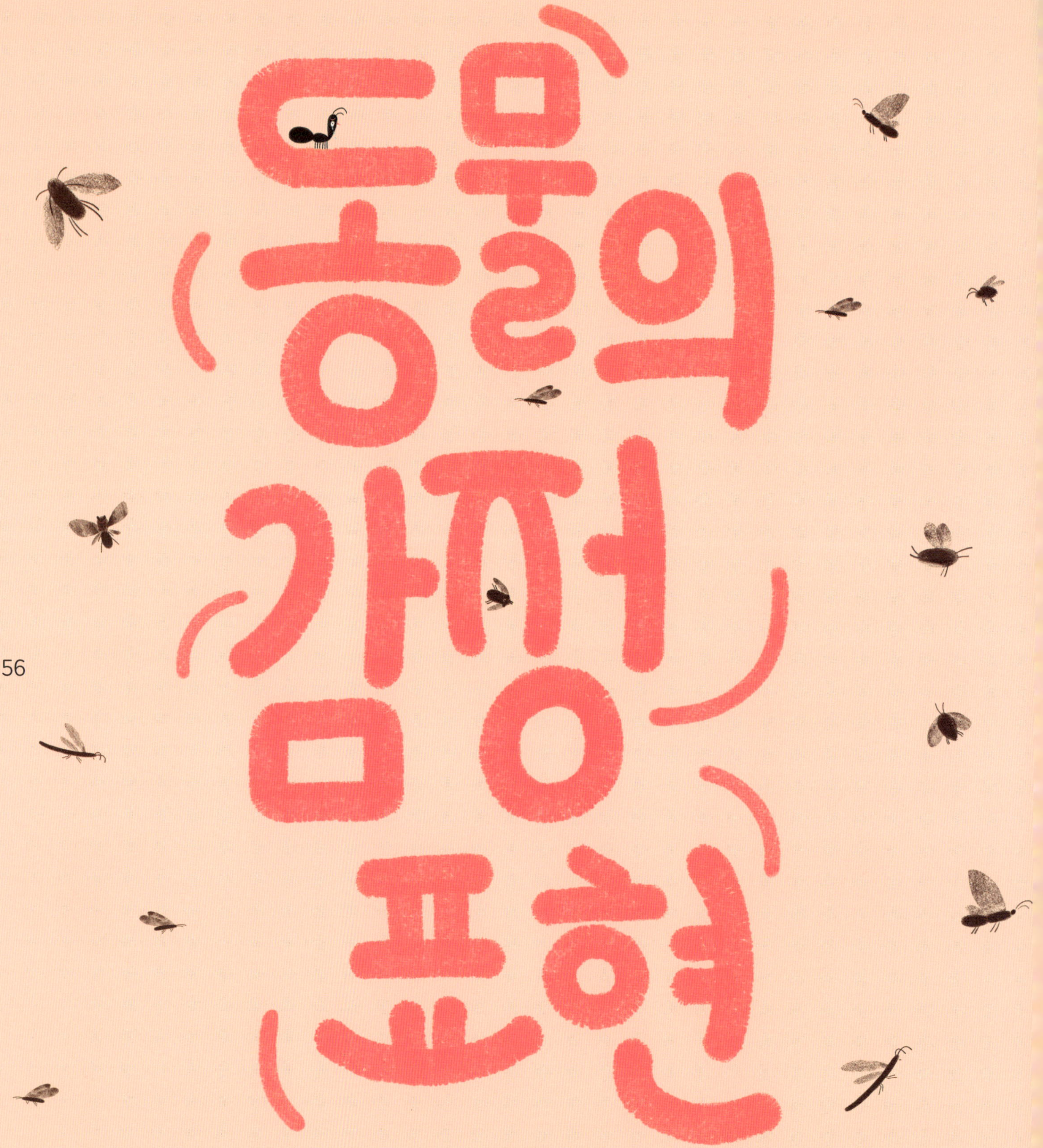

동물은 감정을 느낄 뿐만 아니라, 감정을 표현하기도 해요. 각자 다양한 방법으로 말이에요. 많은 학자가 동물들의 행동을 연구해 그 행동이 무엇을 뜻하는지 알아냈어요. 아직 알아내지 못한 것들도 있지만요. 우리는 개가 꼬리를 흔드는 행동은 만족스러움을 뜻한다고 알고 있어요. 고양이가 털을 바짝 세우거나 몸을 바짝 웅크리는 행동은 무서움을 뜻하고요. 그다지 사람과 가깝지 않은 달팽이도 더듬이를 숨김으로써 두려움이나 공포심을 나타낸답니다.

우리는 아직 곤충의 행동에 대해 잘 알지 못해요. 그런데 얼마 전, **학자들이 곤충도 통증을 느낄 수 있다는 것을 알아냈어요**. 파리의 다리를 찢는 것은 파리에게 고통을 주는 거예요. 비록 파리가 아프다는 표현을 하지 않더라도 고통은 느끼지요. 동물의 크기는 상관없어요. 집채만 한 동물이든, 잘 보이지 않을 정도로 작은 동물이든 말이에요. 모든 동물은 따뜻한 마음으로 대해야 한다는 것을 잊지 마세요.

야생은 바로 자유

야생 동물은 사람에게 매여 있지 않은 동물을 말해요. 이런 야생 동물은 긴 발톱이나 날카로운 송곳니를 가지지 않아도 괜찮아요. '야생'은 자유라는 뜻이니까요.

동물은 크게 두 종류로 나눌 수 있어요. 하나는 사람에게 의지하지 않고 자유롭게 사는 동물이고, 또 하나는 줄곧 사람의 보살핌을 받으며 길러지는 동물이에요. 안타깝게도 요즘에는 동물들이 점점 더 사람에게 의지하고 있어요. 왜냐하면 사람이 지나치게 자연환경에 개입하고 있기 때문이에요.

개입한다는 것은 간섭한다는 뜻이에요.

사람들은 지구의 거의 모든 곳을 가 보았고, 개발했어요. 가장 빽빽한 숲이 있는 정글을 탐험하고, 가장 높은 산봉우리에 올랐으며, 가장 건조한 사막에도 갔지요. 사람들은 자연을 보고 감탄만 하는 대신 자연을 개발하며 변화시키고 있어요. 그래서 한 번도 사람을 본 적 없는 동물을 발견하기가 점점 더 어려워지고 있어요.

글다은에기
들음이다
앞드므달은길

원래 모든 동물은 사람과 상관이 없었어요. 그런데 시간이 흐르면서 사람들은 몇몇 동물을 길들였고, 사람의 말을 따르게 만들었어요. 사람과 같이 있는 것을 좋아하는 개나 말이 그렇지요. 그러나 자유롭게 사는 것을 좋아하거나, 사람이 기르기에 알맞지 않은 동물도 있어요. 예를 들어, 비단뱀, 호랑이, 오소리 같은 동물을 억지로 사람과 살게 할 수는 없어요. 우리에게 좋지 않은 일이 생길 수도 있으니까요.

2015년에 폴란드의 브로츠와프 동물원에서 호랑이가 자신의 사육사를 죽인 일이 있었어요.

북부흰코뿔소

발리흰찌르레기

이집트대머리수리

전 세계에서 북부흰코뿔소는 이제 단 두 마리만 살아 있어요. 얼마 전까지 수컷 한 마리와 암컷 두 마리가 살아 있었지만, 수컷은 2018년에 죽고 말았답니다.

영원히 사라질지도 모를

사람들은 매우 이기적이에요. 자신의 이익이나 즐거움을 위해서 동물을 죽이거나 서식지를 파괴하고 있으니까요. 그래서 점점 더 많은 종의 동물이 멸종할 위기에 놓여 있고요. 그러나 한 종을 대표하는 동물의 수가 지나치게 적어졌다고 해서 그 동물이 세상에서 완전히 사라진 것은 아니에요.

필리핀악어

소셔블랩윙

히스파니올라솔레노돈

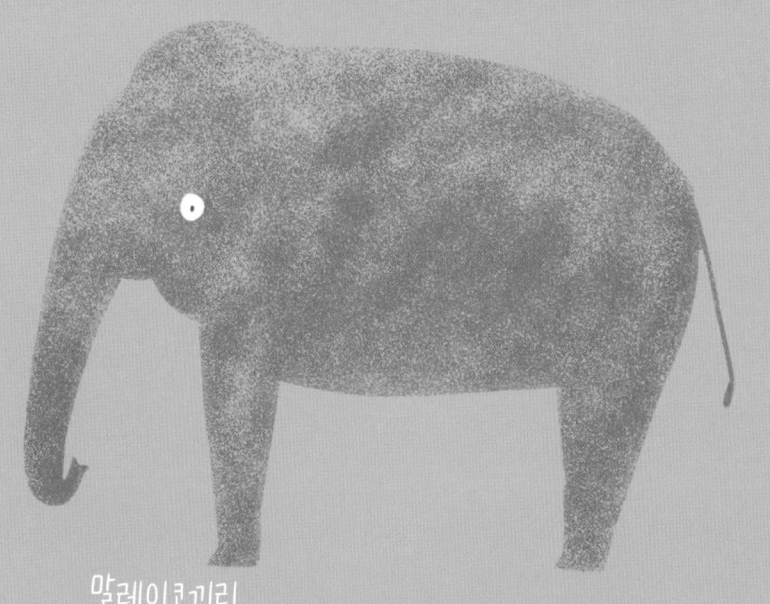
말레이코끼리

큰뇌조

부전나빗과의 나비

동물들

멸종 위기에 처한 동물을 구하기 위해서는 동물의 서식지를 지키고, 사냥을 막아야 해요. 어떤 경우에는 위험에 놓인 동물을 사람들이 관리할 수 있는 공간으로 옮겨 오기도 하지요.

가끔은 동물이 세상에서 자연스럽게 사라지는 경우도 있어요. 사람이 아니라 자연의 영향을 받아 멸종하기도 해요. 공룡은 화산 폭발 또는 소행성 충돌이라는 자연적인 이유로 사라졌지요.

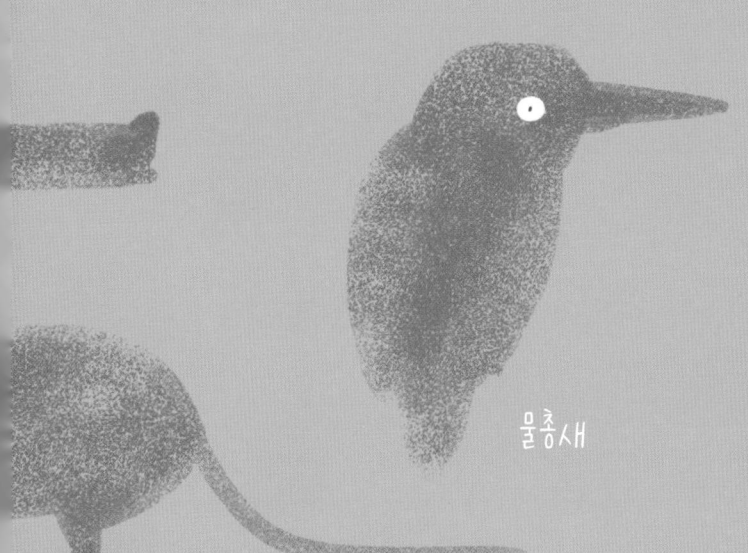
물총새

바비루사

15쪽을 보세요.

어떤 사람들은 고기를 먹지 않아요. 이런 사람들을 **채식주의자**라고 하는데, 꽤 많은 사람이 채식주의자가 되고 있어요. 채식주의자들이 고기를 먹지 않는 이유는 여러 가지예요. 불교의 승려처럼 종교 때문에 고기를 먹지 않는 사람도 있고, 고기의 가격이 너무 비싸서 먹지 않는 사람도 있지요. 또 닭이나 생선을 죽이는 장면을 생각만 해도 입맛을 잃는 사람도 있답니다.

캐슈너트 치즈

부추 두부 스크램블

비트 초콜릿 케이크

콩 소시지

샐러드

채식주의자들은 그들이 먹는 음식에 따라 여러 단계로 나누어요. 가장 낮은 단계의 채식주의자는 버터를 넣은 달걀 스크램블을 먹을 수 있어요. 그러나 아주 엄격한 채식주의자인 **비건은 오로지 식물성 재료만 먹기 때문에** 달걀에는 손대지 않을 거예요. 그렇다고 아침부터 저녁까지 샐러드와 생야채만 먹어야 한다는 뜻은 전혀 아니에요. 능숙한 비건 요리사는 견과류로 만든 단단한 치즈, 콩 소시지, 두부 스크램블, 비트 초콜릿 케이크 등을 만들 줄 알아요. **냠냠!**

돼지는 정말 개나 침팬지처럼 똑똑할까요?

돼지는 세상에서 제일 똑똑한 동물 중 하나예요. 그동안 학자들은 여러 가지 연구를 하면서 돼지가 얼마나 똑똑한 동물인지 알게 되었어요. 거울에 비친 자기 모습을 알아보는지, 조이스틱으로 컴퓨터 화면의 커서를 움직일 수 있는지, 사람의 말을 알아듣는지 등을 실험했지요. 이 실험은 돼지를 다른 동물이나 사람과 비교해 보기 위한 것이기도 해요.

돼지는 깨끗한 것을 아주 좋아해요.
돼지가 더러운 동물이라는 말은 사실이 아니에요.

반면 돼지는 그 누구와도 비교하는 것을 원하지 않을 거예요. **돼지는 매우 사교적이고 재미있게 노는 것을 좋아해요.** 그래서 이런 연구에 시간을 낭비하는 것보다 물을 튀기며 장난치거나 진흙 목욕하는 것을 더 좋아할 거예요. 돼지에게 진흙 목욕이 좋다는 건 오래전부터 알려진 사실이니까요!

진흙은 돼지를 곤충과 햇빛으로부터 보호해 줘요.

사람과 닮은 유인원

침팬지는 나뭇가지로 개미집에서 흰개미를 사냥해요. 잎을 없앤 나뭇가지를 개미집 구멍에 넣고 휘저었다 꺼낸 뒤 나뭇가지에 매달린 흰개미를 먹지요. 이런 모습은 당시에는 엄청난 발견이었어요! 침팬지, 고릴라, 오랑우탄 등과 같은 유인원은 **도구를 사용할 뿐만 아니라,** 직접 만들 수도 있다는 뜻이니까요.

1960년에 가장 유명한 침팬지 연구자인 제인 구달이 이 모습을 보았어요. 또한 제인 구달은 처음으로 관찰하던 유인원을 이름으로 부른 연구자예요. 그 전에는 숫자를 붙여서 불렀거든요.

사람과 많이 닮은 유인원은 할 줄 아는 게 꽤 많아요. 사람과 아주 비슷한 점도 많고요. 컴퓨터의 도움을 받아서 복잡한 문제를 풀거나, 자신을 보살펴 주는 사람과 대화하기 위해 수화를 할 수도 있답니다. 또한 어린 침팬지는 부모 침팬지가 가르쳐 주는 것을 자신이 살아가는 데 이용한다는 점도 밝혀지고 있어요. 어쩌면 미래에는 사람과 유인원의 차이가 알아채기 어려울 정도로 줄어들지도 몰라요. 그때까지 우리가 유인원이 살고 있는 숲의 나무를 몽땅 베어 버리지만 않는다면 말이에요.

신기한 능력을 보여 준 문어 파울

감각 기관이 발달한 동물들은 행동으로 날씨 변화를 알려 줘요. **운동 경기의 결과를 맞힌** 동물도 있는데 독일의 파울이라는 문어예요. 2010년 월드컵이 열리던 때, 경기에서 맞붙을 두 나라의 국기가 달린 두 개의 상자를 수족관에 넣어 주면, 파울은 그중 하나를 선택했어요. 파울이 선택한 나라가 이기는 것이었는데, 거의 틀린 적이 없어요. 경기 결과를 예측하던 어떤 전문가들보다도 나았지요. 파울은 항상 근엄하고 차분하게 보였지만, 신기한 예측 능력으로 스포츠 팬들의 큰 관심을 받았어요. 죽은 후에는 기념비까지 세워졌답니다.

파울은 일한 대가로 가장 좋아하는 먹이였던 홍합을 받았어요.

주인과 닮은 반려견들

사람들은 반려견을 고를 때, 종종 자신과 비슷한 느낌이 나는 개를 골라요. 마른 사람들은 하운드종의 개나 털이 곱슬곱슬한 푸들에게 정이 가고, 키가 작고 다부진 사람들은 불도그를 친근하게 느껴요. 만일 개를 키우고 싶다면 그런 순종견을 사는 대신 보호소에 있는 개를 입양하는 것을 생각해 보세요. 보호소에 있는 개들은 순종견과 같은 세련된 느낌은 덜할 수 있어요. 하지만 분명히 마음이 넓고, 새로운 주인을 사랑할 준비가 되어 있을 거예요.

반려견 똥 치우기

**우리가 사는 세상의 문명이 발달하면서부터 동물은 사람을 위해 일했고,
쭉 그럴 것처럼 보였어요.**

다행히도 사람과 동물의 관계는 서서히 변해 가고 있어요. 사람과 동물이 함께 사용하는 공간에도 더욱 신경 쓰게 되었지요. 폴란드의 일부 도시에서는 산책할 때 개의 주인이 반드시 자기 개의 똥을 치워야 한다는 **반려견 배변 청소 의무제**를 시행하고 있어요. 그래서 거리에는 특별한 용변 통과 배변 봉투가 준비되어 있답니다. 브라보! 여러분도 이런 제도를 들여오는 데 찬성하겠죠? 우스갯소리로 개똥을 치우는 주인을 개의 조수라고 부르더라도요.

여러분은 반려견의 똥을 치우나요?

이 선언문을 한 번만이라도 읽어 본다면, 우리가 동물을 어떻게 대해야 할지 알 수 있어요.

세계 동물 권리 선언

세계 동물 권리 선언은 동물의 권리에 대해 말하고 있는 세계에서 가장 중요한 문서예요. 1978년 10월 15일 프랑스 파리의 유네스코 본부에서 처음 선포되었어요. 이후 1989년 국제 동물 권리 연맹에서 내용을 고친 뒤 사람들에게 공개했어요. 선언문에서는 동물과 사람을 똑같은 존재로 보고 있어요. 사람이 동물을 어떻게 대해야 하는지, 동물에게 해도 되는 것과 해서는 안 될 행동이 무엇인지 나와 있지요. 하지만 이 선언문은 동물에게도 권리가 있다는 것을 알려 줄 뿐, 따르라고 강요하거나 어긴다고 벌을 줄 수는 없어요.

전문

모든 생명은 하나다. 모든 생명은 공통의 기원을 가지고 있으며 종의 진화 과정에서 다양하게 나뉘었다. 모든 생명체는 태어나면서부터 권리를 가지며, 신경계를 가진 동물은 모두 특별한 권리를 가지고 있다. 생명체가 가진 권리에 대한 경멸 혹은 무지는 심각한 자연 파괴와 동물에 대한 범죄를 저지르게 한다. 인간이 다른 동물의 권리를 인정한다면, 우리는 다양한 생명체와 공존할 수 있다. 인간이 동물을 존중하는 것은 인간이 다른 인간을 존중하는 것과 다르지 않다. 따라서 다음과 같이 선언한다.

제1조

모든 동물은 생태계에서 **존재**할 평등한 권리를 가지고 있다. 이러한 권리의 평등은 개체와 종의 차이를 가리지 않는다.

제2조

모든 동물의 삶은 **존중**받을 권리가 있다.

제3조

1. 동물은 부당하게 취급받거나 잔인하게 학대당하지 않아야 한다.
2. 어쩔 수 없이 동물을 죽여야 하는 경우라면, 불안과 고통을 주지 말고 즉각적으로 죽여야 한다.
3. 죽은 동물은 품위 있는 대우를 받아야 한다.

제4조

1. 모든 야생 동물은 자연환경에서 자유롭게 살고, 번식할 권리가 있다.
2. 야생 동물의 자유를 빼앗는 것, 취미로 하는 사냥과 낚시 등 생존에 필요하지 않은 목적으로 야생 동물을 이용하는 것은 동물의 기본 권리를 빼앗는 것이다.

제5조

1. 인간에게 의존하는 동물은 생명을 유지하고 보호받을 권리를 갖는다.
2. 동물은 어떠한 경우에도 인간에게서 버려지거나 부당하게 살해되지 않아야 한다.
3. 동물을 이용하고 번식시킬 때에는 동물의 생리학과 종의 특성을 존중해야 한다.
4. 전시, 공연, 영화 등에 동물을 이용할 경우, 동물의 존엄성을 존중해야 하며 동물에 대한 어떤 폭력도 쓰면 안 된다.

제6조

1. 육체적 또는 정신적 고통을 주는 동물 실험은 동물의 권리를 빼앗는 행위이다.
2. 인간은 동물 실험을 대체할 방법을 개발하고 체계적으로 실천해 나가야 한다.

제7조

동물을 죽게 만들 수 있는 불필요한 행위, 그리고 그러한 행위를 하게 만드는 어떠한 결정도 모두 생명체에 대한 범죄로 여긴다.

제8조

1. 야생종의 생존을 위태롭게 하는 행위와 그런 행위를 하게 만드는 결정은 대량 학살과 마찬가지이며, 생물종에 대한 범죄 행위이다.
2. 야생 동물 학살, 그리고 생태계를 오염시키고 파괴하는 행위는 대량 학살과 같다.

제9조

1. 동물의 구체적인 법적 지위와 권리는 법으로 인정되어야 한다.
2. 동물 보호와 그들의 안전은 반드시 정부 조직에서 제도로 만들어 보장해야 한다.

제10조

교육 및 학교 당국은 사람들이 어린 시절부터 동물을 관찰하고, 이해하고, 존중하는 법을 배울 수 있도록 해야 한다.

한국의 동물보호법

각 나라에서는 동물의 권리를 보장하고, 보호할 수 있도록 법을 만들었어요. 어떤 나라에서는 지역에 따라 법이 서로 다를 수도 있고요. 한국은 1991년에 처음으로 **동물보호법**을 만들었어요.

동물은 살아 있는 존재로서
고통을 느낄 수 있어요.
동물은 함부로 다루어도 되는
물건이 아니에요.

한국의 동물보호법은 동물을 보호하고 관리하기 위해서 만들어졌어요. 사육 방법, 동물의 분양이나 기증, 동물 실험 등에 대해 나와 있어요. 하지만 이런 법이 있다는 것조차 모르는 사람도 많고, 동물을 학대해도 강력하게 처벌받는 경우가 드물어요.